AF19E742

MISSION SWEAT AND SUCCESS

VON MIGHTY MIND WARRIOR

© 2024 Might Mind Warrior
Verlag: BoD • Books on Demand GmbH, In de Tarpen 42, 22848 Norderstedt
Druck: Libri Plureos GmbH, Friedensallee 273, 22763 Hamburg

Bei Fragen und Anregungen:

www.mightymindwarrior.ch
1. Auflage 2024
ISBN 978-3-7597-2908-8

Alle Rechte vorbehalten. Jegliche Vervielfältigung, Verbreitung oder Übersetzung des Werkes – auch auszugsweise durch Fotokopie, Veröffentlichung oder auf elektronischem Wege – bedarf der schriftlichen Genehmigung des Verlages. Jegliche Speicherung, Verarbeitung, Vervielfältigung oder Verbreitung mittels elektronischer Systeme ist untersagt.

Tous droits réservés. Toute reproduction, distribution ou traduction de l'œuvre, même partielle par photocopie, publication ou par voie électronique, nécessite l'autorisation écrite de l'éditeur. Toute conservation, traitement, reproduction ou distribution par des systèmes électroniques est interdite.

Weitere Informationen finden sie unter
www.mightymindwarrior.ch

www.instagram.com/mightymindwarrior

INHALTSVERZEICHNIS

1.
EINLEITUNG

Dies ist ein 4 Wochenplan für 15-minütiges Eigengewichtstraining mit Fokus auf Entwässerung.

Der Trainingsplan fokussiert auf hohe Intensität sowie Erhöhung der Körpertemperatur und des Schweissoutput, was allesamt zur Wasserausscheidung beitragen kann.

WOZU THERMOGENESE UND ENTWÄSSERUNG?

Um verantwortungsvolle und anspruchsvolle Aufgaben effektiv zu bewältigen sind körperliche Fitness und mentale Stärke entscheidend. In einem Berufsfeld, das oft physische Belastbarkeit, schnelle Reaktionsfähigkeit und geistige Klarheit erfordert, spielt ein gut strukturierter Trainingsplan eine zentrale Rolle.

1. Steigerung der körperlichen Leistungsfähigkeit:

- **Kraft und Ausdauer:** Die hohe Intensität des Trainings verbessert signifikant die muskuläre Ausdauer und die allgemeine körperliche Stärke, was unerlässlich ist.

- **Thermogenese:** Durch die Erhöhung der Körpertemperatur und des Schweißausstoßes trainiert der Körper effizienter und bleibt in Bereitschaft, um in Notsituationen schnell und angemessen reagieren zu können.

2. Förderung der kardiovaskulären Gesundheit:

- **Herz-Kreislauf-System:** Ein verbessertes Herz-Kreislauf-System unterstützt eine längere und intensivere Leistungsfähigkeit während anstrengender Einsätze.

- **Schnelle Erholung:** Ein trainiertes Herz-Kreislauf-System ermöglicht eine schnellere Erholung nach körperlichen Anstrengungen, wodurch man auch unter Stressbedingungen leistungsfähig bleibt.

3. Verbesserung der mentalen Resilienz:

- **Stressmanagement:** Regelmäßige körperliche Betätigung hilft, Stress abzubauen und die mentale Belastbarkeit zu verbessern, was in kritischen Situationen von Vorteil ist.

- **Konzentration:** Intensive Workouts fördern die Konzentrationsfähigkeit und geistige Klarheit, die in sicherheitsrelevanten Berufen notwendig sind.

4. Effizienz und Zeitmanagement:

- **Kurz und intensiv:** Die 15-minütigen Workouts sind ideal für jene, die häufig lange und unvorhersehbare Arbeitszeiten haben. Trotz der kurzen Dauer bleibt die Effektivität hoch.

- **Flexibilität:** Die Übungen können überall durchgeführt werden, was es Sicherheitspersonal ermöglicht, auch unterwegs oder in kurzen Pausen zu trainieren.

VIEL ERFOLG BEI IHREM TRAINING!

2.

WARM-UP, COOL-DOWN

AUFWÄRMEN

KEINE AUSREDE; AUFWÄRMEN IST PFLICHT

Um dein volles Potenzial auszuschöpfen und Verletzungen vorzubeugen, ist ein dynamisches Aufwärmprogramm von 2-5 Minuten vor jedem Workout unerlässlich. Hier sind die wichtigsten Gründe, warum du das Aufwärmen niemals auslassen solltest:

1. **Vorbereitung des Körpers**: Ein gutes Aufwärmen bereitet deinen gesamten Körper auf die bevorstehende Aktivität vor und stellt sicher, dass du optimale Leistung erbringst.

2. **Vorbereitung der Muskulatur**: Deine Muskeln bekommen die nötige Durchblutung und Flexibilität, um effektiv zu arbeiten und Verletzungen zu vermeiden.

3. **Verletzungen vermeiden**: Ein gründliches Aufwärmen minimiert das Risiko von Verletzungen wie Zerrungen und Gelenküberlastungen.

4. **Optimierung der Leistung und Regeneration**: Dein Körper wird leistungsfähiger und regeneriert schneller, was die Effektivität deines Trainings erhöht.

5. **Erhöhung der Herzfrequenz**: Ein Anstieg der Herzfrequenz bereitet dein Herz-Kreislauf-System sanft auf die Intensität des Trainings vor.

6. **Förderung der Flexibilität**: Das Aufwärmen verbessert die Flexibilität, sodass du die Übungen besser und sicherer ausführen kannst.

Kurz gesagt: Ein effektives Aufwärmen bereitet nicht nur deinen Körper und deine Muskulatur auf das Training vor, sondern steigert auch die Effizienz deines Workouts und unterstützt deine langfristige Fitnessziele.

Bei plyometrische Übungen ist es besonders wichtig.

Die Möglichkeiten zum Aufwärmen sind schier unbegrenzt:

- **Beinheben**: Hebe deine Beine abwechselnd in die Luft, um deine Beinmuskulatur und Hüftbeuger auf das Training vorzubereiten.

- **Leichtes Joggen**: Laufe in einem moderaten Tempo, um deinen Kreislauf anzuregen und deine Beinmuskulatur aufzuwärmen.

- **Leichtes Joggen auf der Stelle**: Wenn du wenig Platz hast, ist Joggen auf der Stelle eine hervorragende Alternative.

- **Leichte Kniebeugen**: Führ' weniger intensive Kniebeugen durch, um deine Oberschenkelmuskulatur zu aktivieren und auf intensivere Belastungen vorzubereiten.

- **Seilspringen**: Eine dynamische Möglichkeit, den ganzen Körper in Bewegung zu bringen und das Herz-Kreislauf-System anzuregen.

- **Dynamisches Beinstrecken**: Flexible und kraftvolle Beinbewegungen, die vor allem die Oberschenkel- und Hüftmuskulatur ansprechen.

- **Dynamische Armstreckungen**: Streck deine Arme dynamisch aus, um deine Schultern und Arme auf das Training vorzubereiten.

- **Armkreisen**: Kreise deine Arme, um die Schultermuskulatur und Arme zu mobilisieren und zu wärmen.

- **Jumping Jacks**: Eine großartige Übung zur Anregung des Herz-Kreislauf-Systems und zur Aufwärmung der großen Muskelgruppen.

- **Ausfallschritte**: Mit diesen Schrittbewegungen aktivierst du deine Bein- und Gesäßmuskulatur.

- **Leichte Cardio-Übungen**: Einfache Herz-Kreislauf-Aktivitäten wie lockeres Laufen, Gehen oder hüpfen.

- **Dynamisches Stretching**: Bewegungsreiche Dehnübungen, die deine Flexibilität verbessern und die Muskulatur auf die bevorstehende Belastung vorbereiten.

- **Leichte Rotationsbewegungen**: Schwenke deinen Oberkörper in sanften Rotationsbewegungen, um die Wirbelsäule und den Core zu mobilisieren.

- **Lockeres Laufen**: Ein gemächlicher Lauf, um deinen Körper sanft auf das Training vorzubereiten.

- **Hüftkreisen**: Kreise deine Hüften, um die Flexibilität und Mobilität in diesem Bereich zu fördern.

- **Leichte Lockerungsübungen**: Einfache Bewegungen, um den ganzen Körper auf die wichtigste Aktivität vorzubereiten.

- **Beinschwünge**: Schwinge deine Beine vorwärts und rückwärts, um die Muskeln und Gelenke der unteren Extremitäten aufzuwärmen.

- **Schulterkreisen**: Kreise deine Schultern, um Verspannungen zu lösen und die Schultermuskulatur aufzuwärmen.

- **Körperrotationen**: Drehe den Oberkörper sanft von einer Seite zur anderen, um deine Rumpfmuskulatur zu mobilisieren.

- **Leichte Planks**: Eine modifizierte Version des Planks, um den Core zu aktivieren und zu stabilisieren.

- **Gehen auf der Stelle**: Eine einfache Methode, um mit wenig Platz den ganzen Körper in Bewegung zu bringen.

ABKÜHLEN

Jede Trainingseinheit sollte immer mit einer angemessenen Cool-down-Phase von einigen Minuten abgeschlossen werden. Diese Phase dient dazu:

- die Muskeldehnung zu fördern

- die Herzfrequenz zu stabilisieren

- das Verletzungsrisiko zu verringern

- die Regeneration zu optimieren

- die Effektivität des Trainings zu steigern

- die trainierten Muskeln zu dehnen und zu entspannen

- die Muskelregeneration zu unterstützen

- die Muskulatur auf die nächste Belastung vorzubereiten

- die Flexibilität zu verbessern

- die Erholungszeit zu verkürzen

Für eine kurze Abkühlphase eignen sich besonders gut:

- **Stretching**: Durch das Dehnen der Muskeln wird deren Flexibilität verbessert und die Durchblutung gefördert.

- **Dehnübungen**: Spezifische Übungen zur Dehnung helfen, Muskelverspannungen zu lösen und die Beweglichkeit zu erhöhen.

- **Leichtes Auslaufen**: Ein langsames Joggen oder lockeres Laufen hilft, die Herzfrequenz allmählich zu senken und die Durchblutung zu fördern.

- **Gehen**: Ein moderates Spazierengehen kann ebenfalls dabei helfen, die Herzfrequenz zu normalisieren und die Muskeln zu entspannen.

- **Yoga oder Pilates**: Sanfte Yoga- oder Pilates-Übungen unterstützen die Muskelentspannung und fördern die Flexibilität.

- **Foam Rolling (Faszientraining)**: Mithilfe einer Schaumstoffrolle können Verspannungen gelöst und die Muskeln massiert werden.

- **Atemübungen**: Bewusstes Atmen kann zur Beruhigung des Nervensystems und zur Entspannung beitragen.

- **Leichte Gymnastikübungen**: Wendige Bewegungen wie Armkreisen oder Hüftbeugen helfen, den Körper langsam herunterzufahren.

REGENERATION

Bei intensiveren Trainingseinheiten sollte ausreichend Zeit für die Regeneration eingeplant werden. Passen Sie Ihre Ruhezeiten Ihrem aktuellen Fitnessniveau an, um optimale Ergebnisse zu erzielen und sich auf die nächste Woche vorzubereiten.

Ein Ruhetag bedeutet jedoch nicht „gar nichts machen". Während völlige Inaktivität natürlich möglich ist, sind aktive Erholungsmaßnahmen, also leichte Aktivitäten, zu bevorzugen.

An Erholungstagen sollten Sie keine hochintensiven Übungen absolvieren, sondern sanfte Bewegungen praktizieren, um Ihre Muskeln zu entspannen, den Blutfluss zu fördern und die Erholung zu unterstützen.

Für die Regeneration können Sie folgende Aktivitäten durchführen:

- Atemübungen

- Leichte Mobilitätsroutinen

- Leichtes Cardiotraining (z.B. entspanntes Laufen, leichtes Radfahren)

- Dehnungsübungen (z.B. sanftes Stretching)

- Sanftes Yoga oder Pilates

- Spaziergänge oder leichtes Walking

- Qigong

- Mentales Training oder Mindfulness Training

- Sanfte Bewegungsmeditation

- Taktische Bewegungen (z.B. Rollen, Crawls)

- Schwimmen

- Wandern

- Tiefenentspannungsübungen

HYDRATION, ERNÄHRUNG

Achten Sie darauf, ausreichend Wasser zu trinken, sich ausgewogen zu ernähren und genügend Schlaf zu bekommen, um die bestmöglichen Ergebnisse aus Ihrem Training zu erzielen. Eine gute Hydration und eine ausgewogene Ernährung sind entscheidend, um Ihre Leistungsfähigkeit und Erholung zu optimieren. Die Kombination aus ausreichend Flüssigkeitszufuhr, gesunder Ernährung und erholsamen Schlaf unterstützt Ihre körperliche Leistungsfähigkeit und hilft Ihnen, die physischen Anforderungen besser zu bewältigen.

Diese Maßnahmen sorgen dafür, dass sich Ihre Muskeln optimal erholen und stärker werden können.

Denken Sie daran:

1. Trinken Sie täglich genug Wasser.
2. Ernähren Sie sich ausgewogen.
3. Gönnen Sie sich ausreichend Schlaf.

Mehr dazu erfahren Sie in unserem Buch „Mission Nutrition".

Ernährung:
Eine Verminderung der Kohlenhydratzufuhr kann helfen, den Wassergehalt im Körper zu reduzieren, da Kohlenhydrate Wasser binden. Auch sollte die Salzaufnahme reduziert werden, um Wassereinlagerungen entgegenzuwirken.

Wasserzufuhr:
Anfänglich erhöht, um die Nierentätigkeit und Ausscheidung von überschüssigem Wasser zu stimulieren. In der finalen Phase vor einem Wettkampf wird die Wasserzufuhr strategisch reduziert, um den Entwässerungseffekt zu maximieren.

ATMUNG

LEITFADEN FÜR OPTIMALE SAUERSTOFFVERSORGUNG UND AUSDAUER

Bedeutung der Atmung: Eine gleichmäßige unc tiefe Atmung ist entscheidend, um Ihren Körper während des Trainings optimal mit Sauerstoff zu versorgen und die Ausdauerleistung zu unterstützen. Vernachlässigen Sie nicht die Atmung; eine kontrollierte Atmung fördert die Sauerstoffversorgung und die muskuläre Kontrolle.

Grundlegende Atemtechnik:

- Atmen Sie tief und gleichmäßig, um Muskulatur und Ausdauer zu unterstützen.

- Nutzen Sie einen rhythmischen Atemzyklus: Atmen Sie durch die Nase ein und durch den Mund aus.

- Behalten Sie diesen Rhythmus während der gesamten Übung bei.

Atmung in spezifischer Trainingsphasen:

- **Dehnübungen:** Atmen Sie tief und gleichmäßig, um Ihren Körper zu entspannen und die Muskeln mit Sauerstoff zu versorgen.

- **Krafttraining:** Atmen Sie ein, wenn Sie die Beine heben, und aus, wenn Sie die Hüfte anheben. Bei Oberkörperübungen atmen Sie ein beim Strecken von Arm und Bein und aus beim Zurückführen in die Ausgangsposition.

- **Intensive Übungen:** Behalten Sie auch bei hoher Intensität eine tiefe und gleichmäßige Atmung bei. Atmen Sie ein, wenn Sie abspringen, und aus, wenn Sie landen.

Synchronisierung mit Bewegung:

- **Bewegungsabhängige Atmung:** Atmen Sie ein, wenn Sie sich absenken, und aus, wenn Sie sich nach oben drücken. Dies hilft, den Blutfluss und die Sauerstoffzufuhr zu den arbeitenden Muskeln zu optimieren.

- **Seitliche Bewegungen:** Atmen Sie ein, wenn Sie in die Mitte zurückkehren, und aus, wenn Sie sich seitwärts bewegen.

Gleichmäßige Atmung unter Belastung: Auch unter Anstrengung ist es wichtig, die Atmung kontrolliert und gleichmäßig zu halten, um die maximale Sauerstoffversorgung sicherzustellen.

Praktische Übungen zur Atemtechnik:

- Vermeiden Sie unregelmäßige Atmung durch Fokus auf einen gleichmäßigen Atemrhythmus.

- Koordinieren Sie Ihre Atmung mit den Bewegungen, um die Effizienz der Übung zu steigern und die Muskeln optimal zu aktivieren.

Indem Sie diese Atemtechnik-Tipps befolgen, unterstützen Sie nicht nur Ihre körperliche Leistungsfähigkeit, sondern fördern auch Ihre mentale Widerstandsfähigkeit und Ausdauer.

3.
WOCHE 1-4: TÄGLICHES INTENSIV-WORKOUT

Während vier Wochen wird jeden Tag ein 15-minütiges Zirkeltraining durchgeführt, das aus Übungen mit hoher Intensität besteht.

Das Ziel ist es, die Herzfrequenz zu steigern und die Thermogenese zu fördern.

Stellen Sie sicher, dass Sie vollständig aufgewärmt sind, bevor Sie mit dem Workout beginnen.

Trainingsplan Routine:

- Burpees:
  1 Minute intensiv, dann 30 Sekunden Pause.

- High Knees:
  1 Minute intensiv laufen auf der Stelle, dann 30 Sekunden Pause.

- Kniebeugen Sprünge (Jump Squats):
  1 Minute, dann 30 Sekunden Pause.

- Mountain Climbers:
  1 Minute klettern auf der Stelle, dann 30 Sekunden Pause.

- Liegestütze (Push-ups):
  1 Minute, dann 30 Sekunden Pause.

- Seitliche Planks:
  Wechseln Sie alle 15 Sekunden die Seite, insgesamt 1
  Minute, dann 30 Sekunden Pause.

Dieses Zirkeltraining wird so oft wiederholt, bis die 15
Minuten erreicht sind. Dabei sollte in den letzteren Wochen
die Intensität erhöht und die Pausenzeiten reduziert werden,
um das Schwitzen weiter zu fördern.

WOCHE 1: ANGEWÖHNUNG

Fokus: Richtige Ausführung der Übungen und Aufbau einer Basisfitness.

Details:

- **Ziel:** Vertraut werden mit den Übungen und korrekter Form. Hier geht es nicht um Geschwindigkeit, sondern um Präzision.

- **Priorität:** Langsames und bewusstes Arbeiten, um Verletzungen zu vermeiden und die korrekte Technik zu erlernen.

- **Pausen:** Nutzen Sie die vollen 30 Sekunden Pause, um sich zu erholen und die nächste Übung mental vorzubereiten.

Tipps:

- Gönnen Sie sich die volle Dauer für jede Übung und konzentrieren Sie sich darauf, jede Bewegung sauber und effektiv auszuführen.

- Achten Sie darauf, dass Sie vollständig aufgewärmt sind, bevor Sie beginnen, um Verletzungen zu vermeiden. Ein Aufwärmprogramm könnte leichtes Joggen, Jumping-Jacks oder dynamisches Dehnen beinhalten.

- Hydration ist wichtig – trinken Sie vor und nach dem Training ausreichend Wasser.

WOCHE 2: INTENSITÄTSSTEIGERUNG

Fokus: Steigerung der Wiederholungszahl innerhalb jeder Minute.

Details:

- **Ziel:** Erhöhen Sie die Zahl der Wiederholungen pro Minute, steigern Sie die Intensität.

- **Priorität:** Nutzen Sie Ihre verbesserte Basisfitness, um die Geschwindigkeit und die Intensität zu erhöhen.

- **Pausen:** Versuchen Sie, die Pausenzeiten auf 20 Sekunden zu verkürzen, insbesondere bei Übungen, bei denen Sie sich sicher fühlen.

Tipps:

- Atmen Sie bewusst und rhythmisch, um Ihre Energie effizient zu nutzen.

- Aktivieren Sie Ihre Rumpfmuskulatur bei jeder Übung, um die Stabilität zu erhöhen und die Effektivität zu maximieren.

- Beachten Sie Ihre Körperhaltung und korrigieren Sie gegebenenfalls um Fehlstellungen und Verletzungen zu vermeiden.

WOCHE 3: PLATEAU-DURCHBRUCH

Fokus: Maximierung der Intensität bei gleichzeitig kürzeren Pausen.

Details:

- **Ziel:** Intensivere Workouts mit verkürzten Pausenzeiten, brechen Sie durch das Plateau.

- **Priorität:** Arbeiten Sie schneller und härter, um die Auswirkungen der Übungen zu maximieren.

- **Pausen:** Reduzieren Sie die Pausen auf 15 Sekunden Konzentrieren Sie sich darauf, die Intensität in jeder Übung maximal zu erhöhen.

Tipps:

- Motivieren Sie sich mit positiver Selbstansprache. Erinnern Sie sich daran, warum Sie diese Herausforderung angenommen haben.

- Nutzen Sie die Verkürzung der Pausen, um Ihre Ausdauer und Schnellkraft zu verbessern.

- Achten Sie verstärkt auf Ihre Form, besonders bei der gesteigerten Intensität.

WOCHE 4: ULTIMATE CHALLENGE

Fokus: Pushen Sie ans Limit, indem Sie die Pausen weiter reduzieren und die Intensität maximal erhöhen.

Details:

- **Ziel:** Den Höhepunkt des Trainingsprogramms erreichen, so hart wie möglich arbeiten.

- **Priorität:** Maximale Intensität mit minimalen Pausen, ohne die korrekte Ausführung zu vernachlässigen.

- **Pausen:** Reduzieren Sie die Pausen soweit wie möglich, hören Sie jedoch auf Ihren Körper, um Überanstrengung zu vermeiden.

Tipps:

- Überwinden Sie mentale Barrieren, indem Sie sich auf kleine Etappenziele konzentrieren.

- Nutzen Sie jede Übung als Gelegenheit, Ihre Grenzen weiter zu verschieben und Ihre maximale Leistungsfähigkeit zu entdecken.

- Hören Sie genau auf die Signale Ihres Körpers und passen Sie die Intensität an, falls erforderlich, um Verletzungen zu vermeiden.

FAZIT

Dieses 4-Wochen-Programm ist darauf ausgelegt, Ihre Leistung stetig zu steigern, Ihre Herzfrequenz zu maximieren und durch vermehrtes Schwitzen eine erhöhte Thermogenese zu erreichen. Mit einer kontinuierlichen Steigerung der Intensität und einer systematischen Reduzierung der Pausenzeiten wird Ihr Körper effektiv trainiert und Ihre Fitnessziele werden greifbar näher. Bleiben Sie konstant, motiviert und achten Sie stets auf eine korrekte Ausführung der Übungen, um das volle Potenzial des Workouts auszuschöpfen und nachhaltige Erfolge zu erzielen.

DURCHHALTEN: TIPPS UND STRATEGIEN

Es ist oft eine Herausforderung, einen intensiven Trainingsplan über vier Wochen hinweg konsequent durchzuhalten. Um das Beste aus Ihrem Programm herauszuholen, sind Planung, Motivation und Anpassungsfähigkeit entscheidend. Hier sind einige Strategien, die Ihnen helfen können, den 4-Wochen-Plan erfolgreich zu absolvieren:

1. Klare Ziele setzen

- **Definieren Sie Ihre Ziele:** Wissen, warum Sie diesen Plan durchziehen, hilft Ihnen, motiviert zu bleiben. Möchten Sie Ihre körperliche Fitness steigern, Ihre Ausdauer verbessern oder Ihre mentale Stärke stärken?

- **Teilziele setzen:** Teilen Sie den 4-Wochen-Zeitraum in wöchentliche oder sogar tägliche Teilziele auf. Das macht den Fortschritt greifbarer und motiviert zusätzlich.

2. Routine etablieren

- **Beständigkeit:** Wählen Sie eine feste Zeit am Tag für Ihr Training, um es zur Gewohnheit zu machen. Routine hilft dabei, das Training in den Alltag zu integrieren.

- **Erinnerungen setzen:** Nutzen Sie Kalendereinträge oder Alarme, um sich an Ihre Trainingszeiten zu erinnern.

3. Motivation hochhalten

- **Visualisierung:** Stellen Sie sich vor, wie Sie Ihre Ziele erreichen und welchen positiven Einfluss das Training hat.

- **Belohnungssystem:** Setzen Sie kleine Belohnungen nach jedem abgeschlossenen Training oder am Ende jeder Woche.

- **Erfolgstagebuch:** Notieren Sie Ihre Fortschritte und wie Sie sich nach jedem Training fühlen. Das hilft, Veränderungen und Erfolge sichtbar zu machen.

4. Variation und Anpassung

- **Trainingsvariationen:** Fügen Sie gelegentlich neue Übungen hinzu oder verändern Sie die Reihenfolge der bestehenden Übungen, um Langeweile zu vermeiden und neue Herausforderungen zu setzen.

- **Anpassung:** Hören Sie auf Ihren Körper. Wenn Sie merken, dass Sie eine Pause brauchen oder eine Übung anpassen müssen, tun Sie das, um Verletzungen zu vermeiden und die Motivation aufrechtzuerhalten.

5. Unterstützung und Gemeinschaft

- **Trainingspartner:** Wenn möglich, finden Sie jemanden, der den Plan mit Ihnen durchführt. Gegenseitige Motivation und Unterstützung können Wunder wirken.

- **Online-Communities:** Treten Sie Fitnessgruppen oder Foren bei, in denen Sie sich austauschen und inspirieren lassen können.

6. Fehlertoleranz

- **Geben Sie nicht auf:** Selbst wenn Sie einen Tag verpassen oder ein Workout nicht wie geplant durchführen können, lassen Sie sich davon nicht entmutigen. Setzen Sie einfach am nächsten Tag fort.

- **Lernen und Anpassen:** Erkennen Sie, dass Rückschläge Teil des Prozesses sind. Nutzen Sie sie als Lernmöglichkeiten, um Ihren Plan weiter zu optimieren.

BEDENKE: NICHT DIE KÖRPERLICHE TRAININGSEINHEIT IST DIE HERAUSFORDERUNG

-

ALLES BEGINNT IM KOPF

4.
ERLÄUTERUNGEN ZU DEN EINZELNEN ÜBUNGEN

ZIRKELTRAINING

Zirkeltraining ist eine bewährte Trainingsmethode, die hohe Intensität und Vielseitigkeit miteinander kombiniert. Durch den Wechsel zwischen verschiedenen Übungen wird der gesamte Körper trainiert, die Herzfrequenz erhöht und die sportliche Leistungsfähigkeit gesteigert. Insbesondere für Personen, die im Sicherheitsdienst arbeiten, bietet Zirkeltraining zahlreiche Vorteile, wie die Förderung der Entwässerung, die Verbesserung der körperlichen Fitness und die Steigerung der mentalen Belastbarkeit.

Was ist Zirkeltraining?

Zirkeltraining umfasst eine Abfolge verschiedener Übungen, die in einem festgelegten Zeitrahmen hintereinander durchgeführt werden. Jede Übung zielt auf unterschiedliche Muskelgruppen ab und wird für eine bestimmte Dauer oder Anzahl von Wiederholungen ausgeführt, bevor zur nächsten Übung übergegangen wird. Typischerweise gibt es kurze Pausen zwischen den Übungen, um eine kontinuierliche Belastung des Körpers sicherzustellen.

Fokus auf Entwässerung

Die Entwässerung, auch bekannt als Diurese, ist der Prozess, bei dem überschüssige Flüssigkeit aus dem Körper ausgeschieden wird. Dies kann durch gezielte körperliche Aktivität gefördert werden, die die Schweißproduktion erhöht und die Thermogenese anregt – ein Prozess, bei dem der Körper Wärme produziert.

Warum ist Entwässerung wichtig?

- **Flüssigkeitsbalance:**
  Die Regulierung des Flüssigkeitshaushalts ist entscheidend für die Aufrechterhaltung der körperlichen Leistungsfähigkeit und der allgemeinen Gesundheit.

- **Gewichtsmanagement:**
  Die Entwässerung kann zu einer temporären Reduktion des Körpergewichts führen, was in bestimmten beruflichen Kontexten wie dem Sicherheitsdienst von Vorteil sein kann.

- **Entgiftung:**
  Durch das Schwitzen werden auch Giftstoffe und Abfallprodukte über die Haut ausgeschieden.

- **Leistungssteigerung:**
  Ein gut hydratisierter Körper funktioniert effizienter, aber vorübergehender Wasserverlust kann zur kurzfristigen Gewichtsreduktion und damit zu schnelleren Bewegungen führen.

Warum diese Übungen für das Zirkeltraining ausgewählt wurden

Das sorgfältig zusammengestellte Set an Übungen für das "Sweat and Success" Zirkeltraining zielt darauf ab, eine umfassende Verbesserung der körperlichen Fitness zu erreichen. Die ausgewählten Übungen - Burpees, High

Knees, Kniebeugen Sprünge (Jump Squats), Mountain Climbers, Liegestütze (Push-ups) und Seitliche Planks - bieten eine perfekte Mischung aus Kraft, Ausdauer und Stabilitätstraining. Hier sind die Gründe, warum jede dieser Übungen in das Zirkeltraining integriert wurde:

1. Burpees:

Warum ausgewählt:

- **Ganzkörperanspruch:**
  Burpees kombinieren Kniebeugen, Liegestütze und Sprünge und aktivieren fast alle großen Muskelgruppen im Körper.

- **Herz-Kreislauf-Belastung:**
  Diese Übung erhöht die Herzfrequenz sofort und fördert die kardiovaskuläre Fitness.

- **Fettverbrennung:**
  Durch die hohe Intensität werden viele Kalorien verbrannt, was zur Entwässerung beiträgt.

Vorteile: Schnelle Steigerung der Herzfrequenz und Verbesserung der allgemeinen Kraft und Ausdauer.

2. High Knees:

Warum ausgewählt:

- **Kardio-Training:**
  High Knees sind eine hervorragende kardio-vaskuläre Übung, die die Herzfrequenz erhöht und die Durchblutung verbessert.

- **Sprungkraft:**
  Diese Übung stärkt die Beinmuskulatur und verbessert die Explosivkraft sowie die Agilität.

- **Koordination:**
  Durch die schnelle Abfolge der Bewegungen wird auch die Koordination gefördert.

Vorteile: Effiziente Kalorienverbrennung und Verbesserung der kardiovaskulären Fitness.

3. Kniebeugen Sprünge (Jump Squats):

Warum ausgewählt:

- **Plyometrisches Training:**
  Jump Squats verbessern durch den explosiven Bewegungsablauf die Schnellkraft der Beinmuskulatur.

- **Kalorienverbrauch:**
  Die Bewegung erfordert hohe Energie und fördert die Fettverbrennung.

- **Thermogenese:**
  Diese Übung erhöht die Körperwärme und trägt somit zur Entwässerung bei.

Vorteile: Stärkung der Beinmuskulatur, Verbesserung der Sprungkraft und Anregung der Kalorienverbrennung.

4. Mountain Climbers:

Warum ausgewählt:

- **Ganzkörper-Cardio:**
  Mountain Climbers beanspruchen den gesamten Körper und fordern sowohl Ober- als auch Unterkörper.

- **Core-Training:**
  Die Übung aktiviert intensiv die Rumpfmuskulatur und verbessert die Stabilität.

- **Mobilität:**
  Fördert die Beweglichkeit der Hüften und Schultern.

Vorteile: Verbesserung der kardiovaskulären Fitness, Stärkung des Kerns und Förderung der Mobilität.

5. Liegestütze (Push-ups):

Warum ausgewählt:

- **Oberkörperkraft:**
  Liegestütze sind eine der besten Übungen für die Stärkung von Brust, Schultern und Trizeps.

- **Core-Stabilität:**
  Fördert die Stabilität der Rumpfmuskulatur.

- **Multifunktionalität:**
  Durch verschiedene Variationen können unterschiedliche Muskelgruppen gezielt trainiert werden.

Vorteile: Stärkung des Oberkörpers und des Kerns, Verbesserung der allgemeinen Körperkraft.

6. Seitliche Planks:

Warum ausgewählt:

- **Rumpfstabilität:**
  Seitliche Planks stärken die seitliche Rumpfmuskulatur und verbessern die Stabilität.

- **Balance und Koordination:**
  Fördert die Balance und Koordination durch die seitliche Stützposition.

- **Ganzkörper-Stabilität:**
  Neben dem Rumpf werden auch die Schultern und Hüften gekräftigt.

Vorteile: Verbesserung der Rumpfstabilität und der Balance, Verringerung des Verletzungsrisikos durch stärkere Stabilisierungsmuskulatur.

Fazit

Jede der ausgewählten Übungen im "Sweat and Success" Zirkeltraining hat einen spezifischen Zweck und trägt zur umfassenden Verbesserung der körperlichen Fitness bei. Durch die Kombination von Kraft-, Ausdauer- und Stabilitätsübungen wird nicht nur die körperliche Leistungsfähigkeit gesteigert, sondern auch die Entwässerung des Körpers unterstützt. Diese Übungen sorgen dafür, dass die Herzfrequenz konstant hoch bleibt, die Thermogenese gefördert wird und der ganze Körper effektiv trainiert wird. Mit diesem durchdachten Ansatz bietet das Zirkeltraining ein ganzheitliches und effektives Workout, das sowohl für den Sicherheitsdienst als auch für jede Person, die ihre Fitnessziele erreichen möchte, optimal ist.

BURPEE

Der Burpee ist eine Ganzkörperübung, die Kraft und Ausdauer aufbaut und häufig im hochintensiven Intervalltraining (HIIT) verwendet wird. Es ist eine Übung, die mehrere Bewegungselemente zu einer flüssigen Sequenz zusammenfasst. Der Burpee ist bekannt dafür, dass er sehr anstrengend ist und den Puls schnell nach oben treibt, was ihn zu einer sehr effektiven Übung für kardiovaskuläres Training.

Burpees kombinieren Kardio- und Krafttraining und sorgen für eine schnelle Steigerung der Herzfrequenz.

So führst du einen Burpee korrekt aus:

- Startposition:
  Stehe gerade mit schulterbreitem Stand. Deine Arme sind an deiner Seite.

- Squat:
  Beuge die Knie und gehe in die Hocke, während du deine Arme vor dir ausstreckst.

- Hände zum Boden:
  Platziere deine Hände auf dem Boden vor deinen Füssen, ungefähr schulterbreit auseinander.

- Sprung nach hinten:
  Springe mit beiden Füssen zurück, sodass du dich in einer Liegestützposition (Planke) befindest. Dein Körper sollte eine gerade Linie von Kopf bis Fuss bilden.

- Liegestütz:
  Für eine anspruchsvollere Variante führst du an diesem Punkt einen Liegestütz aus.

- Sprung nach vorne:
  Springe von der Liegestützposition aus mit deinen Füssen wieder nach vorn in Richtung Hände.

- Hocke zu Standposition:
  Komme von der Hocke zurück in die Standposition.

- Endsprung:
  Vollführe aus der Standposition heraus einen explosiven Sprung nach oben und klatsche über dem Kopf mit den Händen zusammen.

Das ist ein Burpee. Für ein Training kannst du mehrere Burpees hintereinander und in Sätzen oder als Teil eines Intervalltrainings durchführen.

HIGH KNEES

Igh Knees, oder Kniehebelauf, ist eine beliebte dynamische Aufwärmübung, die sowohl die Muskeln als auch das Herz-Kreislauf-System aktiviert und die Koordination verbessert. Sie wird oft in Trainingsroutinen von Läufern, aber auch in vielfältigen Fitness- und Sportprogrammen eingesetzt. High Knees können als eigenständige Übung oder als Teil einer Aufwärmsequenz durchgeführt werden, um die Körpertemperatur zu erhöhen und die Beinmuskulatur auf intensivere Aktivitäten vorzubereiten.

High Knees erhöhen stark die Herzfrequenz und fördern die Blutzirkulation.

Im Folgenden wird beschrieben, wie Sie High Knees korrekt ausführen und was dabei zu beachten ist:

- Grundhaltung:

   Beginnen Sie in einer aufrechten Position mit leicht gebeugten Knien und Füssen, die hüftbreit auseinanderstehen. Ihr Blick ist nach vorne gerichtet und

Ihr Oberkörper aufrecht. Halten Sie Ihre Hände vor dem Körper, sodass die Handflächen auf Höhe der Hüfte zeigen. Dies dient als Ziel für die knieenden Beine.

- Bewegungsablauf:

  Starten Sie die Übung, indem Sie das rechte Knie anheben und versuchen, Ihre rechte Handfläche zu erreichen. Setzen Sie daraufhin das Bein wieder ab und wechseln Sie sofort zum linken Knie, das ebenfalls in Richtung linke Handfläche gezogen wird. Die Bewegung gleicht einem schnellen Marschieren auf der Stelle, wobei die Knie jedoch deutlich höher angehoben werden.

- Tempo und Intensität:

  Steigern Sie das Tempo und springen Sie von einem Fuss auf den anderen. Die Intensität der High Knees kann durch die Geschwindigkeit und Höhe des Kniehebens variiert werden. Je höher und schneller die Knie angehoben werden, desto intensiver wird die Übung.

- Dauer:

  High Knees können entweder als Zeitintervall (z.B. 30 Sekunden durchgehend) oder als Anzahl von Wiederholungen pro Bein durchgeführt werden. Beginnen Sie mit kurzen Intervallen oder Wiederholungen und steigern Sie die Dauer nach und nach, um Ihre Ausdauer zu verbessern.

Tipps für die korrekte Ausführung:

Konzentrieren Sie sich darauf, die Knie aktiv nach oben zu ziehen, statt lediglich den Schwung zu nutzen. Halten Sie den

Oberkörper während der Bewegung stabil; vermeiden Sie ein übermässiges Nach-Vorne-Beugen. Landen Sie sanft auf den Fussballen, um die Gelenke zu schonen.

High Knees sind eine hervorragende Methode, um das Training aufzuwärmen und die Muskeln und Gelenke auf kommende Belastungen vorzubereiten. Wenn korrekt durchgeführt, helfen sie nicht nur dabei, Ihre Herzfrequenz zu erhöhen, sondern auch die Koordination und Flexibilität Ihrer Beinmuskulatur zu verbessern. Integrieren Sie High Knees in Ihr regelmässiges Workout, um Ihr Aufwärmprogramm zu bereichern und Ihre allgemeine Fitness zu steigern.

KNIEBEUGEN SPRÜNGE

Kniebeugen mit Sprung, auch Jump Squats genannt, sind eine hochintensive plyometrische Übung, die darauf abzielt, die explosive Kraft und Geschwindigkeit zu steigern. Diese Bewegung kombiniert die grundlegende Kniebeuge mit einem kraftvollen Sprung, der die Muskeln von Beinen und Gesäss zusätzlich aktiviert und die Herz-Kreislauf-Belastung erhöht. Richtig durchgeführt, können Jump Squats dabei helfen und die Sprungkraft zu verbessern. Allerdings ist die Technik entscheidend, um das Verletzungsrisiko zu minimieren und die Wirksamkeit der Übung zu maximieren.

Sprungkniebeugen fordern die Beinmuskulatur und treiben den Stoffwechsel an.

So führen Sie Kniebeugen mit Sprung korrekt aus:

- Startposition:

  Beginnen Sie in der gleichen Ausgangsposition wie bei einer normalen Kniebeuge – mit den Füssen etwa schulterbreit auseinander und den Zehen leicht nach aussen gewinkelt. Die Arme können entweder auf Höhe der Schultern ausgestreckt, an den Seiten gehalten oder vor der Brust gekreuzt werden.

- Absenkphase:

  Senken Sie sich in die Kniebeugenposition ab, indem Sie die Hüften zurückführen und die Knie beugen, bis die Oberschenkel parallel zum Boden sind oder so tief wie es Ihre Mobilität zulässt. Behalten Sie dabei das Gewicht auf Ihre Fersen und stellen Sie sicher, dass Ihre Knie nicht über die Zehenspitzen hinausgehen.

- Der Sprung:

  Von der tiefsten Position aus treten Sie explosiv ab, indem Sie durch die Fersen drücken und die Beine strecken, um einen Sprung nach oben zu initiieren. Nutzen Sie Ihren ganzen Körper für den Sprung – Ihre Arme können dabei Schwung erzeugen, indem Sie sie nach unten und dann kräftig nach oben führen.

- Landung:

  Landen Sie kontrolliert und weich auf den Fussballen, bevor Sie das Gewicht gleichmässig auf die gesamte Fussfläche verteilen und sofort in die nächste Kniebeuge übergehen. Es ist wichtig, die Knie bei der Landung zu beugen, um einen sanften Übergang in die nächste

Wiederholung zu ermöglichen und die Gelenke zu schützen.

- Wiederholungen:

  Führen Sie eine vorgegebene Anzahl von Wiederholungen durch, oder arbeiten Sie in einem Zeitintervall (z.B. 30 Sekunden), um die Intensität zu bestimmen.

Fehler, die es zu vermeiden gilt:

- Eine schlaffe Haltung bei der Landung erhöht das Verletzungsrisiko.

- Zu tief zu springen oder beim Absenken die Form zu verlieren, kann die Gelenke belasten.

- Zu weit nach vorne lehnen während der Übung kann zu Rückenschmerzen führen.

Kniebeugen mit Sprung sind eine effektive Übung, um die Leistungsfähigkeit Ihres Trainings zu steigern und die Funktionalität Ihrer Muskeln zu verbessern. Mit der richtigen Technik und Form können Sie von dieser dynamischen Übung profitieren und Ihre Explosivität und Gesamtkörperfitness erhöhen.

Innerhalb des "Sweat and Success" Zirkeltrainings nimmt die Übung der Kniebeugen-Sprünge eine zentrale Rolle ein, um die Entwässerung und die physische Leistungsfähigkeit zu fördern. Zirkeltraining ist besonders effektiv, um die Herzfrequenz konstant hoch zu halten und den Schweißausstoß zu maximieren, was zur Entwässerung des Körpers beiträgt.

LIEGESTÜTZE

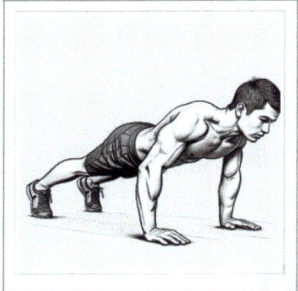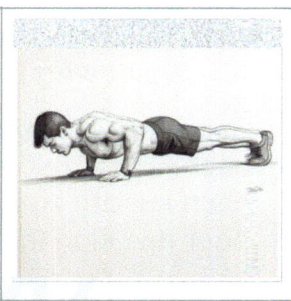

Liegestütze gehören zu den bewährtesten und effektivsten Übungen, wenn es darum geht, Kraft und Muskulatur im Oberkörper aufzubauen. Nicht nur die Brustmuskeln, Trizeps und Schultern werden gestärkt, sondern auch die Rumpfmuskulatur profitiert von dieser Ganzkörperübung.

Liegestütze trainieren Oberkörper und Arme und tragen zur allgemeinen Körperkraft bei.

Hier sind die Schlüsselkomponenten für die korrekte Ausführung von Liegestützen:

- Hände und Armstellung:

  Platzieren Sie Ihre Hände flach auf dem Boden, etwa schulterbreit auseinander. Die Finger sollten nach vorne zeigen oder leicht nach aussen gedreht sein, um die Handgelenke zu entlasten. Die Arme sollten beim Start in vollständig gestreckter Position sein, wobei die Ellenbogen nicht vollständig verriegelt sein sollten.

- Körperhaltung:

  Der gesamte Körper sollte eine gerade Linie bilden, von den Fersen bis zum Kopf. Vermeiden Sie es, Ihr Gesäss zu hoch oder zu tief zu halten, da dies zu einer inkorrekten

Belastung führen kann. Die Bauch- und Gesässmuskeln sollten während der gesamten Übung angespannt sein, um den unteren Rücken zu schützen und die Körperstabilität zu erhöhen.

- Abwärtsbewegung:

Beim Absenken des Körpers sollten die Ellenbogen leicht nach hinten zeigen und nah am Körper bleiben, anstatt nach aussen zu fliegen. Senken Sie sich ab, bis die Brust oder das Kinn fast den Boden berühren.

- Aufwärtsbewegung:

Drücken Sie sich kraftvoll nach oben, bis Ihre Arme wieder fast durchgestreckt sind - achten Sie auch hier darauf, die Ellenbogen nicht vollständig zu verriegeln. Die Bewegung sollte kontrolliert sein und Ihre Körperhaltung gleichbleibend gerade.

Variationen: Sie können Variationen einbauen, um verschiedene Muskelgruppen zu betonen oder die Intensität zu steigern. Zu diesen Variationen gehören enge Liegestütze (für Trizeps), Liegestütze mit erhöhten Beinen, und Explosiv-Liegestütze, bei denen Sie die Hände vom Boden abheben.

Liegestütze sind ein unverzichtbarer Bestandteil des "Sweat and Success" Zirkeltrainings, das darauf abzielt, die körperliche Leistungsfähigkeit zu maximieren und die Entwässerung des Körpers zu fördern. Im Rahmen des intensiven Zirkeltrainings helfen Liegestütze dabei, die Herzfrequenz zu erhöhen und die Schweißproduktion anzukurbeln.

MOUNTAIN CLIMBERS

Mountain Climbers, auch bekannt als Bergsteiger, sind eine hervorragende Ganzkörperübung mit Schwerpunkt auf Kardio und Kernmuskulatur. Sie kombinieren die Vorteile einer Plank-Haltung mit der Bewegung der Beine, was nicht nur die Rumpfmuskulatur stärkt, sondern auch die Herzfrequenz erhöht und die Ausdauer verbessert.

Diese Übung stärkt den Kern und fördert gleichzeitig die Kardiofitness.

So führen Sie Mountain Climbers korrekt aus:

- Startposition:

  Beginnen Sie in der Liegestütz- oder Plank-Position mit den Händen fest auf dem Boden, etwa schulterbreit auseinander. Ihre Arme sind gestreckt, und Ihr Körper bildet eine gerade Linie von den Fersen bis zu Ihrem Kopf.

- Bergsteiger-Bewegung:

  Ziehen Sie das rechte Knie in Richtung Ihrer Brust, ohne dass die Hüften dabei hochkommen. Halten Sie Ihren Rumpf fest und stabil.

- Zurück zur Startposition:

  Kehren Sie schnell zur Startposition zurück, indem Sie das rechte Bein strecken und gleichzeitig ziehen Sie das linke Knie in Richtung Ihrer Brust.

- Wechselseitig wiederholen:

  Fahren Sie fort, die Beine schnell und abwechselnd einzuziehen, ähnlich wie beim auf der Stelle Laufen. Stellen Sie sich vor, Sie klettern einen Berg hinauf, daher der Name Mountain Climbers.

Einige hilfreiche Tipps für die Durchführung von Mountain Climbers:

- Halten Sie Ihren Rücken während der gesamten Übung gerade und vermeiden Sie es, die Hüften anzuheben oder sinken zu lassen. Ihr Körper sollte in einer geraden Linie bleiben.

- Konzentrieren Sie sich darauf, Ihre Bauchmuskeln während der gesamten Bewegung angespannt zu halten, um den Rumpf zu stärken und zu schützen.

- Passen Sie das Tempo an Ihre Fitnessziele an: Ein schnelleres Tempo erhöht die Herzfrequenz für ein intensiveres kardiovaskuläres Training, während ein langsameres Tempo den Fokus mehr auf die Kräftigung der Rumpfmuskulatur legt.

- Um die Schwierigkeit zu erhöhen, können Sie die Füsse auf Gleitpads oder in TRX-Schlingen setzen.

Mountain Climbers sind eine vielseitige Übung, die sich hervorragend in HIIT-Workouts (High Intensity Interval

Training) oder Circuit-Trainingsprogramme einfügt und sowohl die aerobe als auch die anaerobe Kondition verbessern kann.

SEITLICHE PLANKS

Die seitliche Plank (engl: side plank) ist eine effektive Körpergewichtsübung, die sich auf die Stärkung der Rumpf- und Seitenbauchmuskulatur (Oblique-Muskeln) konzentriert. Ausserdem werden durch diese Übung der unteren Rücken sowie die Hüft- und Schultermuskulatur gestärkt. Sie ist eine Variation der traditionellen Plank-Übung und ist bekannt für ihre Effektivität bei der Verbesserung von Balance und Stabilität.

Seitliche Planks stärken die seitliche Rumpfmuskulatur und fördern die Stabilität.

Ausführung:

1. Beginnen Sie die seitliche Plank auf der Seite liegend

2. Legen Sie sich auf die Seite, mit gestreckten Beinen übereinander.

3. Stützen Sie sich auf Ihrer Hand ab, wobei Ihr Arm gestreckt ist und die Handfläche direkt unter der Schulter auf dem Boden liegt.

4. Auch hier sollte der Körper eine gerade Linie von den Füssen bis zum Kopf bilden.

5. Heben Sie Ihre Hüften vom Boden ab, indem Sie die Spannung im Rumpf erhöhen, bis Ihr Körper eine gerade Linie bildet.

6. Halten Sie die Hüfte angehoben und vermeiden Sie, dass Ihr Körper nach vorne oder hinten kippt.

7. Spannen Sie Ihren Bauch an und achten Sie darauf, dass Ihre Schulter stabil bleibt.

8. Eine Hand kann auf der Hüfte platziert oder in die Luft gestreckt werden, um die Balance zu erhöhen.

9. Halten Sie diese Position für die vorgegebene Zeit, je nach Ihrem Fitnesslevel und Trainingsplan.

10. Wiederholen Sie die Übung auf der anderen Seite.

Häufige Fehler und Korrekturen:

- Sinkende Hüften:

  Achten Sie darauf, Ihre Hüfte zu heben, sodass Ihr Körper eine gerade Linie bildet.

- Nachlassende Spannung:

  Halten Sie Ihren Rumpf während der gesamten Übung fest.

- Falsche Kopfhaltung:

  Blicken Sie geradeaus, damit Ihr Nacken eine Verlängerung Ihrer Wirbelsäule ist.

- Schulterposition:

  Vermeiden Sie es, die Schulter zu hoch zu ziehen oder sie einsinken zu lassen. Sie sollte direkt über dem Ellenbogen (bei der Unterarm-Variante) oder der Hand (bei der Hand-Variante) sein.

Variationen:

- Heben des oberen Beines

- Rotieren des Rumpfes

- Durchführen von Hüftlifts hinzufügen

   Die seitliche Plank ist eine wirksame Übung zur Stärkung der Kernmuskulatur und zur Verbesserung der Körperstabilität.

5.

SCHLUSSBETRACHTUNG

Herzlichen Glückwunsch! Wenn Sie diesen 28-tägigen Trainingsplan durchgehalten haben, können Sie wirklich stolz auf sich sein. Die Kombination aus intensiver körperlicher Betätigung und gezielter Förderung der Thermogenese hat nicht nur Ihre Fitness und Ausdauer erheblich gesteigert, sondern auch Ihre mentale Stärke und Disziplin auf die Probe gestellt und gestärkt.

Was Sie erreicht haben:

1. **Verbesserung der Ausdauer:**
   Durch die tägliche Intensität des Trainings konnten Sie Ihre aerobe und anaerobe Fitness effektiv verbessern. Ihre gesteigerte Herzfrequenz und der vermehrte Schweißausstoß sind Zeichen dafür, dass Ihr Herz-Kreislauf-System härter gearbeitet und sich angepasst hat.

2. **Steigerung der Muskelkraft und -definition:**
   Die Übungen im Zirkeltraining fordern verschiedene Muskelgruppen und tragen so zur allgemeinen Kräftigung und Definition bei. Insbesondere die hochintensiven und plyometrischen Bewegungen wie Burpees und Jump Squats fördern den Muskelaufbau und die Fettverbrennung.

3. **Mentale Stärke und Disziplin:**
   Ein solches intensives Trainingsprogramm erfordert nicht nur körperliche, sondern auch mentale Durchhaltekraft.

Indem Sie die täglichen Herausforderungen gemeistert und Ihre Grenzen immer wieder neu definiert haben, haben Sie auch Ihre mentale Resilienz geschärft.

4. **Effiziente Zeitnutzung:**
Die kurzen, aber intensiven 15-minütigen Workouts haben gezeigt, dass man auch mit wenig Zeitaufwand große Erfolge erzielen kann. Dies ermöglicht es Ihnen, Ihr Training in einen vollen Tagesablauf zu integrieren und so langfristige Fitnessgewohnheiten zu entwickeln.

Empfehlungen für die Zukunft:

- **Erhaltung und Weiterentwicklung:**
Nutzen Sie die erlangte Fitness als Grundlage und bauen Sie darauf auf. Integrieren Sie weiterhin hochintensive Intervalle in Ihre Trainingsroutine, um konstant Fortschritte zu machen.

- **Abwechslung einbringen:**
Variieren Sie Ihre Übungen und fügen Sie neue Herausforderungen hinzu, um Plateauphasen zu vermeiden und weiterhin motiviert zu bleiben.

- **Achten Sie auf Erholung:**
Gönnen Sie Ihrem Körper ausreichend Ruhephasen und achten Sie auf eine ausgewogene Ernährung, um Verletzungen vorzubeugen und optimale Ergebnisse zu erzielen.

- **Reflektieren und anpassen:**
Analysieren Sie regelmäßig Ihren Trainingsfortschritt und passen Sie Ihr Programm entsprechend an, um kontinuierlich Verbesserungen zu erzielen.

Wir hoffen, dass Sie diesen 28-tägigen Trainingsplan genossen haben und dass er Ihnen geholfen hat, Ihre Fitnessziele zu erreichen. Denken Sie daran, dass der Weg zu einem fitten und gesunden Körper ein fortlaufender Prozess ist. Bleiben Sie dran, und lassen Sie sich immer wieder neu motivieren, Ihre persönlichen Bestleistungen zu übertreffen. Ihr Wille und Ihre Ausdauer sind Ihre stärksten Verbündeten auf diesem Weg. Herzlichen Glückwunsch zu Ihrer herausragenden Leistung!

TEILE DEINE ERFAHRUNGEN MIT UNS UND WERDE TEIL DER MMW COMMUNITY!

ÜBER DEN AUTOR

Autor: Alain Biankeu, Mighty Mind Warrior

Lassen Sie sich von diesem außergewöhnlichen Buch inspirieren.. Der Autor, bekannt für seine optimistische Lebenseinstellung, zeigt uns, wie man mit Zuversicht und Freude jeden Tag in vollen Zügen genießen kann. Erfolg kommt nicht von ungefähr, das weiß er nur zu gut. Mit dem Credo „Von nichts kommt nichts" und einer unerschütterlichen Entschlossenheit hat er bewiesen, wie man durch harte Arbeit und Beständigkeit seine Ziele erreichen kann.

Dieses Buch vermittelt wertvolle Prinzipien und Strategien für körperliches Training und Fitness, die jeder anwenden kann, unabhängig von den individuellen Ausgangsbedingungen. Es zeigt, dass es immer Raum für persönliches Wachstum und Verbesserung gibt, und ermutigt dazu, niemals aufzuhören, an sich zu arbeiten. Die Bodenständigkeit und die Wertschätzung für die kleinen Freuden des Lebens, die der Autor verkörpert, machen seine Erkenntnisse besonders zugänglich und motivierend.

Mit unermüdlichem Ehrgeiz und der Bereitschaft, ständig neue Herausforderungen anzunehmen, inspiriert der Autor dazu, Höchstleistungen im Training zu erzielen und die individuelle Fitness zu optimieren. Dieses Buch ist ein wertvoller Leitfaden für alle, die auf der Suche nach einem fitteren, gesünderen und ausgeglicheneren Leben sind.

Entdecken Sie, wie Sie durch positive Einstellung, harte Arbeit und unstillbaren Ehrgeiz Ihr volles körperliches Potenzial entfalten können. Lassen Sie sich von diesem Werk begeistern und finden Sie Ihre eigene Freude am Training und an einem fitten Lebensstil!